4歳児
葛藤をチカラに
TOAST
GOOD MORNING!
和光鶴川幼稚園
子ども理解と大人の関わり

contents

4歳児　葛藤をチカラに

＊本文中に4歳（児）とあるのは、4歳児クラスの子ども（4歳1カ月～5歳11カ月）を指します。
3歳（児）、5歳（児）も同様です。

シリーズ刊行にあたって

4歳児～葛藤をチカラに

和光鶴川幼稚園園長　加川博道

和光鶴川幼稚園「子ども理解と大人の関わり」シリーズ最終巻は「4歳児・月組」編です。

私が園田前園長から園長職を引き継いで二年目の今年、この本の主人公である月組の子どもたちが星組へと進級しました。一年目に見た反抗期・ぶつかり合い（すなわち「葛藤」）の、この本に書かれているような「年中・月組」の姿は、まさに幼稚園の「ギャング・エイジ」（小学校でいうところの中学年）だなあと感じたものでした。けれど四月の始業式、そんなことは昔のことというように、まっすぐに最上級生として自信にあふれた姿で立つ子どもたちは、どこから見てももう「星組」だったのです。あらためて子どもたちの乗り越えてきたものの大きさを感じずにはいられませんでした。

一言でいえばそれは「豊かな体験と対話をくぐってきたからこその育ち」と言えるでしょう。この園には何より豊かな体験ができる環境があります。そしてそれを「個」にとどめずに、互いにつなぎ深めあう「対話」があります。それは「ぶつかり合い」でも同じです。丁寧に聞き取られそれぞれの言い分がつながってわかりあう。そんな体験を重ねて子どもたちは大事にされている自分を感じ、同じように友だちを大事にすることを学ぶのだと思います。その最も激しい時期が4歳児なのでしょう。その中で粘り強く子どもとの対話を積み上げる先生方の姿に多くを学びました。

シリーズ三冊を通じて、あらためて「子ども理解」と「大人の関わり」について皆さんと共に考えあえたらと思っています。

加川（かがわ）　博道（ひろみち）
和光鶴川幼稚園園長
和光鶴川小学校校長兼任
教師歴35年

＜和光鶴川幼稚園の概要＞

◆クラス
３歳児・花組　２学級（計４８名）
４歳児・月組　２学級（計６０名）
５歳児・星組　２学級（計６２名）

◆教職員
園長（和光鶴川小学校長兼任）　１名
副園長　１名
教諭　８名
事務　１名
用務　３名

◆保育時間
月　８時４０分～１１時２０分
火～金　８時４０分～１４時５０分
昼食は火・木お弁当／水・金おにぎり弁当＋みそ汁

◆預かり保育（やどかり）
月　１１時２０分～１８時３０分
火～金　１４時５０分～１８時３０分
早朝　８時～８時４０分
長期休みの保育あり（春・夏・冬）

〒195-0051　東京都町田市真光寺町 1271-1
電話　042-735-2291
http://www.wako.ed.jp/k2/

「和光鶴川幼稚園」で検索♪

和光鶴川幼稚園

こんな子どもに

* 自分っていいなと思える子どもに
* 自分の好きなことをとことんやれる子どもに
* つまずきや失敗から学べる子どもに
* 人といっしょに何かをすることが楽しい、
  心地いいと感じられる子に
* 違う人と関わりあうことを楽しめる子どもに
* 主体的・能動的に生き、
  人とつながろうとする子どもに
* 夢をもって生きていく子どもに

こんな生活を大切に

＊自然の中へ出かけていく

幼稚園の周りの環境を活かし、
自然の中での体験にワクワク・ドキドキ

＊生きる・食べる・つくる

畑で作物を育て、みんなで調理、
「みんなで食べるとおいしいね」

＊子どもたちの興味・関心を広げる文化との出会い

ものづくり・描画・歌・リズム・おどり
体育・文学・ことば

＊自分の好きな遊びを見つけて夢中になってあそぶ

お弁当を食べた後の時間は、子どもの「自分の時間」

＊人を信じ、人とつながりあう（人と関わる）

4歳児ってどんなとき？

葛藤をチカラに

4歳児は子ども自身がいろいろなことにぶつかり、葛藤をするとても大事な時期です。あっちにぶつかったり、こっちにぶつかったり、「こんなことしちゃった」ということもあったり……。大人びた言葉も使うようにもなり、からだつきも3歳児のときとはぐんと変わってきます。大人の目の届かないところで何かしてみたくなる……そんなときでもあります。大人は、そんな子どもの姿を見て、どう受け止めたらいいのかと戸惑うことも増えてきます。子どもたちは、何かにぶつかるごとに自分の気持ちと向きあうことになり、悩み、葛藤します。大人は「早く結論を出してほしい」「わかってほしい」と思ってしまいがちですが、大人も我慢のとき。大人の言葉でせめすぎず、急がせず、たっぷり時間をかけて、子ども自身の言葉が出てくることを待ちながら話しあっていくことを大切に。その中で子どもが「心」を育てていく、それが4歳児の時期です。

4歳児（月1組、月2組）の担任を経験した保育者が書いた実践記録などをもとにしながら、保志（副園長）がまとめました。

1 自分の変化がわかる。人との違いをわかってくるとき

大人が人と比べるようなことを言わなくても、子ども自身が人との違いに気づいてきます。そして、「こうなりたい」という気持ちも抱いてきます。が、反面自分は「できない」と動けなくなることも……。そんなときはゼロか100かではない価値観や考え方をいろいろな角度からアドバイスしながら伝えていくことが、その先の子どもの姿につながっていきます。子どもは体感し納得しながら、人からの言葉を受け入れることができるようになっていきます。

いくつかのエピソードを通して考えてみます。

「絵を描きたくない！　描けない！」

ついこの間まで無邪気に絵を描いていたゆずる君が、画用紙を目の前にして何も描かずに、怒ったような困った顔をしています。クレパスを握り画用紙を見つめ……描きたいものはあるようです。

私（保志）は、「困ってるの？」と言いながら、一緒に画用紙を見つめましたが、ゆずる君が自分から何か求めてくるまでは、そっとしておこうと思いました。

しばらく他の子どもに関わっていると、「描けなーい」とゆずる君。そばに行ってみると、画用紙に四角が描いてありました。電車の窓を描いているようでした。「電車の窓かな？　窓に見えるよ」と言ったのですが、「ここが曲がっちゃうからイヤなの！」。四角をちゃんと描きたいのに、台形のようになってしまうのがイヤなのだとわかりました。「そうか〜、もう一枚描き直してみる？　紙はいっぱいあ

るからだいじょうぶだよ」と言うと、もう一枚描いてみるということになりました。でも、やはり納得のいく線が描けず、「もう、描けない！」とゆずる君。「じゃあ先生が一緒に描こうか？」「……」私が、ゆずる君が描きたかっただろうと思われる線を描くと、少し表情がゆるみました。が、悔しそうでした。

その後も自分の思うような線を描けず「描けない……」と言うことの多くなったゆずる君でした。嫌いなわけではないのに、このまま「描けない、描きたくない」と絵を嫌いになってしまってはとても残念です。私も悩みました。代わりに描いてあげることはできますが、それではゆずる君も納得いかない様子です。

そんなとき、小学校の美術の先生と話す機会がありました。「絵の楽しさは、形を描くことだけじゃないんだよ。色を楽しむことも絵の楽しさだよ」との言葉にハッとしました。そこで、さっそく色で遊ぶ描画の時間を持つよ

うにしました。筆に絵の具をつけていろいろな線を描くだけで素敵な模様になります。虹のようになったり、丸をたくさん描けば水玉模様、などなど。そんなときはゆずる君も生きいきしていました。

それから半年くらいたった頃、「描けた～！」とゆずる君。思うような線を描けるようになった自分を発見して、うれしそうに絵を見せてくれる姿がありました。いつの間にか描けるようになったゆずる君ですが、そのいつの間にかの間にどのように過ごすかが、大切なのだと実感しました。絵の楽しさは、形を描くことだけではなく、色の楽しさもあるということに保育者が気づいたことで、保育者の価値観も広がり、ゆずる君への関わりの幅も広がりました。ゆずる君は、絵の世界の楽しみを広げながら悩みを乗り越えていくことができたのです。

ぼくもできる！

マイペースで他の子よりもテンポがゆっくりなくにお君。でもそれを気にする様子もなく、自分の好きなことをやりきろうとする思いを持っていて、工作を楽しんだり、鬼ごっこでも精一杯走り、速い遅いではなく「ぼくってすごいでしょ」と素直に自信を持っていました。ところが、二学期に入って一〇月の運動会の頃「ぼくは足が速くないから……」と表情が曇ることが増えてきました。家でもお母さんに「ぼくは足が速くないから……どうやったら速くなるかな」と相談する姿があったとのこと。すっかり自信を持てなくなっているようで、鬼ごっこにも加わってこなくなっていました。

そんな中で、一一月に一人縄跳びの活動を始めることにしていました。くにお君は、大縄を跳ぶときのジャンプの高さが一センチく

らいで、なかなか跳べずにいましたので、また自信を無くしてしまうかもしれないと心配でした。ところが、一人ひとりに縄跳びを配り、縄跳びに取り組み始めたその日、くにお君が一回だけ縄をぴょんと跳び越えることができたのです。くにお君は、大喜び。その瞬間に表情がパッと変わりました。そしてその後は、自分から縄を持ち出し、縄跳びに挑戦するようになりました。

最初はぎこちない動きで縄を回していたのですが、続けているうちに縄を回す腕の動きもよくなり、手の動きと跳ぶタイミングも合ってくるようになっていきました。くにお君自身その変化がわかり、のめり込むようにやっていきました。

そんなくにお君に「縄跳びしてるときどんな気持ちなの？」と聞いてみました。「う〜ん、うれしい気持ち！」と満面の笑みで答えてくれました。毎日、誰に誘われなくても自分から縄跳びを持ちだして挑戦。縄跳びだけで終わる日もあるほどでした。その姿からは自分の変化がうれしくてたまらない！という気持ちが伝わってきました。

そんなある日、くにお君が鬼ごっこにも自分から参加してきました。鬼ごっこが終わったときに、すごくうれしそうに「ぼく、足が速くなったかもしれない！」とつぶやいていました。

縄跳びで自分の変化に喜びを感じ、意欲を持てたことが、他のことへもつながっていったのだと感じ、子どもの力・可能性は計り知れないと感じた出来事でした。

えりちゃんの姿　鬼がこわい！

花組（3歳児）のときから、鬼ごっこで鬼

に追いかけられるのが苦手なえりちゃん。月組（4歳児）になっても、みんなで鬼ごっこをするときには、必ず「鬼がいい！」と言って、鬼になっていました。鬼役なら参加できるのですが、タッチして交代すると逃げる人役になってしまうので、追いかけても、近くまで走っていくだけでした。そんなえりちゃんでしたが、一学期の島鬼（島から島へ逃げる鬼ごっこ、島の中は安全地帯でタッチされない）の中で変化がありました。

えりちゃんに逃げる人も鬼も両方楽しめるようになってほしいと思っていた担任でしたが、あまりにも逃げることを怖がるえりちゃんに、どう関わろうか、どう声を掛けようか迷っていました。それがある日、「先生と一緒に逃げる人やる！」と言って、逃げる人になったのです。自分から言い、動き出したえりちゃんに、（今日はその楽しさを味わってほしい！）と思いながら、最初は担任と手をつないで逃げました。

しばらく手をつないで逃げるうちに「あやめちゃんも足速いからあやめちゃんと逃げて！」とえりちゃんとつないでいた手を離してみました。すると、うれしそうに手をつなぐ二人。ドキドキしながらも、逃げることを楽しみだしたのです。（おぉ！　友だちの力はすごいな～）と感心していると、だんだんと一人でも島から島へ逃げきるようになっていきました。

最後の最後でタッチされてしまって、とても悔しそうな顔をしていましたが、教室に入ると、「えりちゃん、松田先生（担任）が速いのがわかった！」とのこと。どういう意味かな～？　と思ったのですが、「えりちゃんは今日一人で走っていたから？」と聞くと、「そう！」とだけ答え、清々しい顔で水筒の水をゴクゴク飲んでいました。えりちゃんの中で何かひとつ越えた瞬間でした。その日から鬼も逃げる人もどちらも、島鬼の中では楽しめるようになっていきました。

エピソード研究

子どもと対話する力を高め合いたい

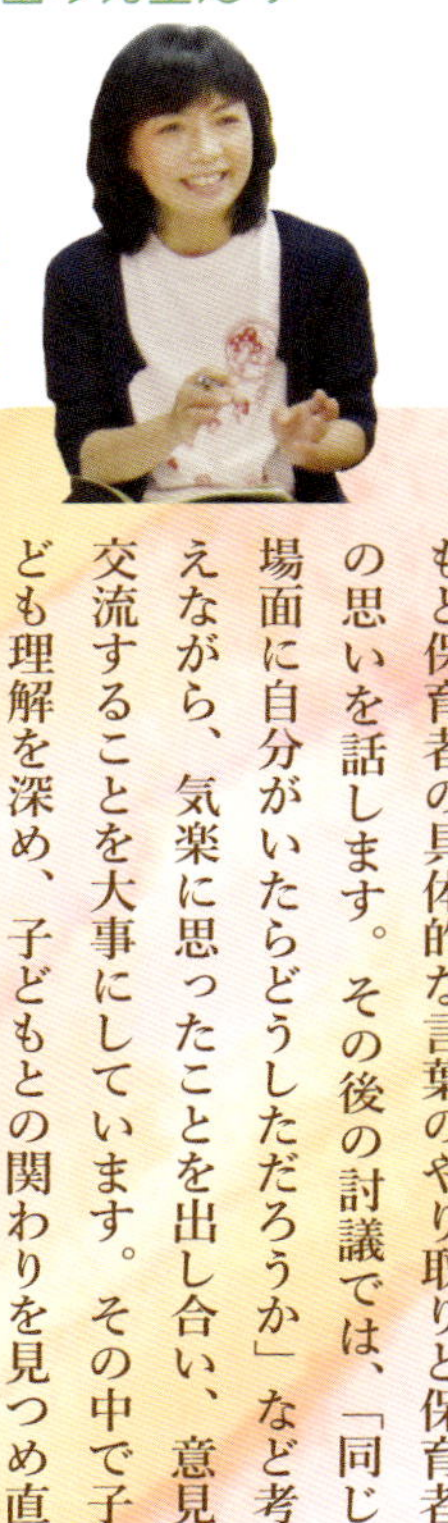

保志(ほし) 史子(ふみこ)
和光鶴川幼稚園副園長
教師歴 32 年

私たちの園では、子どもとの対話を大切に「子どもとつくる保育」を日々実践しています。保育者の専門性として大切なことの一つは、幼児期の子どもと対話する力だと考えています。そこで、保育者が子どもと対話する力を高めあうために、「子どもとのエピソード研究」を年に何回か保育終了後の時間を使って、保育者全員（10名）で行っています。提案する保育者は、自分の保育を振り返りながら、日々の保育を記録し、その中から皆に聞いてほしい場面（エピソード）を選びます。そして、そのときの子どもと保育者の具体的な言葉のやり取りと保育者の思いを話します。その後の討議では、「同じ場面に自分がいたらどうしただろうか」など考えながら、気楽に思ったことを出し合い、意見交流することを大事にしています。その中で子ども理解を深め、子どもとの関わりを見つめ直すことができます。「エピソード研究」は、私たちの保育づくりに欠かせないものになっています。

◇エピソード研究
友だちに助けられ、自立していく「えりちゃんの姿　鬼がこわい！」について

保志　「松田先生が速いのがわかった」と言ったえりちゃんに「えりちゃんは、今日は一人で走っていたから?」と返した松田先生のこの言葉への思いが知りたいな。

松田　はじめは、私と手をつないで走っていて、そこから友だちと逃げ、最後は一人でも逃げられるようになって、一人で逃げてもだいじょうぶだった！　一人で走ると速い！　ということが、えりちゃんの中で自信になっているように見えたんです。「松田先生が速いのがわかった！」と言った姿が、本当にうれしそうで、「今日は鬼ごっこ楽しかった！」ということ

をえりちゃんと私で共有できたうれしさから、とっさに出た言葉が「今日は一人で走っていたから？」だったんです。言葉の中身のやりとりというよりも、雰囲気を分かちあったというか、うまく言えないけど、そんな思いでした。

保志　なるほど。怖いと思っていた気持ちが吹っ切れたんだね。

室橋　もともと動ける人だから気持ちの問題が大きかったのだと思う。

保志　言葉だけ聞くとどういう意味だろうと思うけれど、一緒にやっていた人同士のそれまでの日々の中での出来事や思いがあっての言葉。最後、松田先生が手を放してくれて、一人でもやれてよかった、そんな思いもあるんだね。

松田　そうです。

室橋　そういうときの言葉って感覚的だし、その場の空気感や臨場感から出ている。

保志　えりちゃんは、ここで松田先生の返した言葉に「そう」って言った爽やかな感じが「よかった〜」よね。

松田　うん。

室橋　新しいえりちゃんになったのかな。友だちにつないだのもよかったね。

堀　あやめちゃんにね。

室橋　何であやめちゃんに託そうって思ったの？

松田　近くにいたから。

皆　ハハハ……

室橋　あやめちゃんなら速いからというのもあったかな？

松田　あやめちゃんなら断らないって思ったし。

松田 信貴（まつだ のぶたか） 教師歴５年

堀　タイミングだね。

室橋　私は、自分でどうにかしたくなってしまったりするから、ここで、子どもに託せるのはいいと思う。教師の役割って友だちとつなぐこともとっても大事だと思う。友だちじゃないとダメなときもすごくある。そういう判断も一瞬の中で、瞬時の判断。

松田　何か別の話をしていたときに、それだったら「友だちを誘ったら?」って室橋先生と小西先生が話しているのを聞いて、友だちとつなぐ、誘うのを自分もやってみようと思った。

外山　あやめちゃんと「逃げて」って言ったとき、えりちゃんは断らなかったたん

室橋（むろはし） 由美子（ゆみこ） 教師歴24年

ですか？

松田 断らなかった。

室橋 その前の二回戦で、松田先生が手をつないで、絶対守ってくれたからじゃないかなぁ。あやめちゃんならって、えりちゃんも思ったかもね

堀 「友だちともやれるかな」って自信がついた？

松田 友だちに助けられ、自立していくのかな。

水野 杏美（みずの あみ） 教師歴２年

堀 新菜（ほり にいな） 教師歴７年

太鼓にあわせて　はねる・跳ぶ
ラッセーラー　ラッセーラー
なわとびに挑戦

からだが気持ちいい！

思い切り走ったり、跳んだりすることが楽しくなり、巧みに動かせるようになっていく自分を感じることができるようになっていきます。たくさんからだを使って遊び、「からだが気持ちいい！」という感覚を育てたいと思っています。

保護者と一緒に

「子どもへの願いと保育者の責任」

わが子に対して、平均以上（？）が望ましい、悪くても平均であってほしい、というのが日本人の多くの親の願いだという話を聞きました。わが子には幸せになってほしいと親であればだれもが願うことだと思います。「子どもの幸せって、何だろう？」私も保育者として、親として、自分に問いかけてきました。私は「今このときの自分に正直に向かいあい、自分の今を輝かせながら、人と共に生きること」ができたら幸せなのではないかと思っています。どんな仕事に就くか、何を勉強するのかなどは、その人自身が決めること、選ぶこと。自分で選んだことであれば、それが一番！　学ぶことが楽しいし、それで大変なことがあっても乗り越えたい！　と思って進んでいけると思います。「平均がいい」という思いは、わが子には大金持ちにならなくてもいいし、世の中に名前の出るような人でなくてもいい、でも、大きくつまずいたりしないで人生を楽しんでいってほしいという思いなのかなぁと思います。そんな親としての思いはありますね。

でも、やはり自分の人生を決めるのは自分、その子自身にしか決められないのだと思います。『自分の人生を自分で選び取っていく人になってほしい』と考えたら、日々の中で「自分はどうか」を大切にしていくことが大事です。幼児期から「自分はどうなんだろう」と自分の頭で考えてほしい。それを保障する幼稚園でありたいと思っています。幼児期には、原体験を大事にした生活や遊びの中で、自分の興味関心にそって探求し、おもしろさを見つけ出し、それを周りの友だちや大人と一緒に共感しあい、楽しんでいってほしい。この願いをどんなふうに幼稚園の場で実現していくのかが保育者の責任だと思っています。子どもと父母と共につくり続けたいと思っています。

THE TRAIN
WHICH
RUNS
mont-bell

2 強い・大きい・速い……を「すごい！」と思うとき

背が高い、力が強い、足が速い、言葉が巧み……など、目に見えて大きなものすごいことに憧れたり、圧倒されたりすることが多い時期です。この時期はとくに子どもたち任せにしてしまうと、子どもたちの中に力関係ができてきてしまいます。保育者（大人）が子どもの間に入って、視点を変えて考えることができるような問いかけをしていくことが大切です。子どもたちは、問いかけられることで「自分はどうだろうか」と考え、自分を振り返ることができるのです。自分の中の自分と向きあい、自己内対話することで、自分をつくりはじめるのが4歳児の子どもたちです。

4歳児の子どもたちは、自分の頭の中にあることをすぐには自分の言葉にすることができません。保育者（大人）は、子どもが自分から話してくるまであせらず待ち、子どもが話してきたらじっくり聴くことが大切です。そして、子どもと一緒にその先を考え、子ども自身が次の一歩を踏み出していけるように支えることが大切です。

こうが君への憧れ

クラスの中で一番背が高くて力が強いこうが君。それだけでなく発信力もとても強い子どもです。クラスの活動でしっぽ鬼をしていたときのこと。「こうがと同じチームだから勝てるね！」と子どもたち。結局、こうが君がいるチームは負けてしまったのですが、後日しっぽ鬼をしたときも「こうがと同じチームになりたい。勝てるから」という子どもたち。背が高い＝強いという、こうが君への憧れが

あるのがわかりました。

こんなこともありました。木工作のときのことです。子どもたち一人ひとりがいろいろなアイデアを出して素敵な船をつくっていたのですが、子どもたちが「すごい！」「かっこいい！」と言ったのは、ひたすら木片を積み上げたこうが君の船でした。大きいものがかっこいい、こうが君の物はかっこいいという子どもたちのイメージは相当に強くなっていると感じていました。

そんなある日、教室に戻ってきた、しょう君・かなちゃん・たくま君・けん君が怒っていました。

しょう「こうがが叩いた！」
かな　「あと、けったんだよ!!」
たくま「ぼくは何もしてないよ」
小西　「え～どうしたの？」
こうが「……」
小西　「何かあったの？」
こうが「だってさー！　しょうがもう遊ばな

いって言った！」

しょう「え！　言ってないよ！」

こうが「言ったー!!」

小西「まってまって～言ってないのに言ったって、こうが君は言わないと思うんだけど」

しょう「本当に言ってない！」

こうが「言ったよー！」

小西「うーん、ちょっと先生は見てなかったからわからないのだけれど、どこで遊んでたの？」

かな「しょうとかなとたくまとりょうちゃんでとりでで遊んでたんだよ」

小西「こうが君はどこにいたの？」

こうが「遊び小屋」

小西「ん？　しょう君がこうが君に叩かれちゃったのはどこ？」

しょう「靴箱の前だよ」

小西「戻ってきてからケンカになったの？」

小西 麻理（こにし まり） 教師歴４年

こうが「違うよ、オレはその前から怒ってた」

小西「どこで?」

こうが「とりでで」

小西「こうが君は遊び小屋で遊んでたんじゃないの?」

こうが「そうだよ。でもしょうたちと遊びたくなったんだよ」

小西「あー! それでとりでに行ったの?」

こうが「そう。そうしたらもう遊ばないって言った!」

小西「そうだったの?」

しょう「あ~! とりででは言ったよ」

小西「え! 言ったの!?」

しょう「うん、とりででね。靴箱の前では言ってないよ」

◇エピソード研究
ていねいに話しを聞くことの意味
「こうが君への憧れ」について

小西　やった、やってないの話がずっと続いたんです。

室橋　四人に「どこで遊んでいたの？」って切り返したのは、何でだったの？

小西　いや〜四人ではらちがあかないから。お互い言い合っているんですけれど……。

室橋　こう言ったら何か見出せそうと思って言ったの？

小西　「靴箱の前でけった」って言ったのだけど、靴を入れ替えているときかなと思って。それから、外で遊んでいたことも知っていたから、どこで四人で遊んでいたのかなと思って。こうが君は一緒に遊んでいたのか遊んでいなかったのかわからなかったか

ら、ちょっと時間を戻して、その前はどうだったのかって聴いてみようと思った。

保志　子どもってその現場に行くと思いだしたりするよね。

皆　ハハハ……

保志　しょう君は「言ってないよ」とウソをついたわけではないんだよね。何の話かわからなかったんだね。だから小西先生が「じゃぁどこで遊んでいたの?」って言ったら、「あーそのこと?」って振り返ることができた。そうすると、そのときはこうだったんだって話ができたんだよね。

　そういうの、わかるなぁ。私も話が子どもとかみ合わなくなってしまったとき、「ところで、そのときはどこにいたの?」「何をしていたときのこと?」と、子どもたちとそのことが起きた場所に行ってみたりする。その場で「○○君はここにいたの。○○ちゃんはこっち」「じゃあ、ここで何かあったんだね」と順を追って考えていくと、子どもたちにもだんだんそのときのことがよみがえってくる。

　子どもは、そのとき、そのときの今を生きているからね～。とき君みたいに「さっきさぁ……」ってなれる子どもは少ないよね。しょう君は正直だね。

皆　そうだよね～。

保志　こうやって小西先生にていねいに聴いてもらって、解決していくという体験が大事だよね。そうしたら、幼稚園では素直な思いを話してもいいんだなって思えてくるかもしれないね。

堀　こうやって聴いていくのは、大事だなぁって私も思う。4歳児でよくあるのは、「押した～」「押してない～」って言って、実際にどうだった

のかと再現してみたら「わざと押したのではなくて、当たってしまっただけか」とわかったり。

室橋 こうが君は、言葉へのこだわりがすごいよね。「ぶつかった」「ぶった」という表現で、すごく大きな声で訴えてくる。

小西 こうが君は、すごく「やりたい、やりたい！」ってみんなの気持ちをもりあげてくれるような発信もあるけれど、自分が、（ああ、けってしまった……）というときに「けってない、けってない」としか言わなかったり。そういうこと多いです。

保志 「けってないよ」って言っちゃうの何でだろう。

室橋 やっちゃったのにやってないって言うこうが君の気持ちわかるな。私も子どものころ言ってた。

堀 こうが君にけらざるをえなかったという理由はあるけれど、けったことは「まずい」というのもわかっているし、自分を責めているけれど、とりあえず「やってない」って言ってしまう。怒られると思うと反射的に「やってない」と言ってしまうのかな？

保志 そうか……。

堀 わかっているから、そう言ってしまう。

室橋 ムカッときてけってしまったけれど、怒られるのイヤだから「けってないよ」って言ったら逃れられるのではないかと思っての言葉じゃないかな。

外山 こうが君は、最後まで話を聞いて考えてる。ごまかそうとしてしまうところはあるけれど、最終的にはいろいろ話す中で、「ごめんね」って言えたりする。そこはすごいなって思う。

外山 裕子（とやま ゆうこ） 教師歴13年

加川　わかってもらえたから、謝れたのかな？

皆　うんうん、そうだね。

室橋　花組（3歳児クラス）からずっと過ごしてきて、自分の釈然としない気持ちもみんなとの話し合いの中ですっきりするということが、こうが君の中に育ってきているということかねぇ。もう少ししたらこうが君ももっと変わってくる気がするね。

保志　（保育者が）ていねいに話しを聴いて、こうが君の気持ちを言葉にしていくことで、こうが君自信も自分をわかるし、友だちともつながっていくんだよね。

松田　こうが君はすごいなって思った。花組のときもけったり手が出たりしてしまうこともあったけれど、ちゃんとその場にいる。しょう君は、「その質問はされてないから答えないよ」と

いうところがある。

外山　しょう君は的確な質問をすると的確な答えが返ってきたりする。事実もしっかり言える。その質問を考えないと……。

室橋　こちらの質問をどうするかにかかっているんだね。

皆　うーん、フムフム……。

室橋　でも、4歳児ってそういうところあるかもねぇー。

小西　しょう君は納得できないと絶対にゆずらない。で、ちょちょちょっと話して、じゃぁこれで、と話を終わりにしようとすることもある。「まだ、話終わってないよ。あのね……」ってこちらがいろいろ諭すように言っても、「待って、ぼくの話を聞いて」と言ったりする。

保志　こうが君みたいなタイプの子どもは、こういうところで放っておかれるこ

とが積み重なってしまうと、乱暴者みたいなレッテルを貼られてしまいそうになる。からだは大きいけれど、こうが君甘えん坊だよね。

外山 からだが大きいから、ちょっと押しちゃっただけでもおおごとになる。

皆 からだが大きいと、ちょっと触っただけでも大げさに受け取られてしまうところがあるよね。

室橋 しょう君みたいなタイプも誤解されやすいよね。それで怒られちゃう。

堀 しょう君の中では、とりででこうが君に「もう遊ばない」と言ったことと靴箱の前で叩かれたことが、小西さんに言われるまでつながっていなかったんだよね。

皆 そうだね～。

保志 友だちがしょう君をわかってくれて、しょう君の思いを小西先生が引き出したように質問してくれる人が出てきたら、先生を介さないでも話ができるようになるね。

室橋 担任に対してつっぱっているときは、友だちが「こうなんじゃないの?」って言ってくれると素直に聞けたりするね。

加川 先生とのこういうやりとりを周りの子も聞いているから、だんだん子どももやれるようになっていく。

保志 そうですね。このときの話は、これに直接関わっていた子どもと小西先生とで話したことみたいだけど、その後、みんなにも「こうだったんだよ……」って報告するといいよね。「しょう君、思い出してくれてよかったなぁ」とか、みんなに報告しながら声をかけるといいかもね。

多田(ただ) 優里奈(ゆりな) 教師歴３年

自他の評価が人との関わりに影響する

保志　４歳児って、強い・大きい・速い……そう見えるものに憧れるところがあるよね。

室橋　そうそう、だからすごく誰かが偶像化されてしまったりする。勝手に友だちがすごいって思い込んでしまうから、「今度は失敗できない」みたいに追いこまれてしまったりすることもある。

保志　みんなからすごいと思われるようなところを持っている子どもにしてみると、自分ではみんなのトップに立ってやりたいとか思っているわけではないのに、みんなにすごい人とされて……。ずっとがんばっていなくちゃいけないのは、きついよね。でも、誰だって全部すごいっていうことはないから、だんだんにいろいろな面がみんなにもわかってくると、また変わっていくけれどね。周りの子どもたちが、「すごい人」「強い人」についていったり、チーム分けするとその子のいるチームになりたがったり。

室橋　そうやって人間関係ができていってしまいそうになる。

保志　そんな友だちとの関係を引きずってしまうと、その子がたとえば「リズムをやりたくない！」って言うと他の子もやらなくなったり……。

皆　そうそう、そういうことある。

保志　だから、こうやって話しあいをすることは大切だよね。今まで口を開けなかった子がポツリといいことを言ってくれたりして。強いばかりがいいんじゃないとか、強い人にも弱いところがあることにも気づいたり、い

ろいろな面を見ていく機会になる。そんな中で関係も変わっていくよね。
いろいろなところが誰にでもあるわけで、「助けあっていこうよ」という関わりあいを求めていきたいね。
放っておくと親分子分みたいな関係になってしまうこともある。だから、保育者が思いを聴き取り、子ども同士をつなぐことをじっくりやることが大事だと思う。4歳児のときのそれはとても大事だよね。

室橋 うん、4歳児のときに「今のはどんな気持ちだったの?」って聴いて子ども自身が考えて、という繰り返しが大事だと思う。

保志 子どもは意図的にやっていないことのほうが多いもんね。
「○○君がやったから(自分も)やった」ということがあったとき、それで本当にいいのかな? 自

分はどうかな？　って考えてほしいね。○○君がやるからやるんじゃなくて、主体的に「自分はこう思ったから…」という「自分はどうか」を考えてほしい。４歳児は、自分の変化がわかるし、友だちとの違いもわかってくる時期だからね。３歳児のときは、一緒に走ることがただただ楽しかったけれど、４歳児は一緒に走ると○○ちゃんは速いな、自分は遅いな、と気づいてくる。そこからどうなるかは、それぞれの子どもの感じ方で変わってくる。それの何がいいとか悪いとかではなく、それぞれの人との関わりのありようがそのあたりから生まれるなぁって思う。

　言葉の遅い子は、できないわけではないのに引っ込みがちになったり。気持ちがふっきれないことで、やらなくなってしまったり。そういうことがいろいろ起きるとき。だから４歳児は大事な時期だと思う。

自信を持つきっかけ

堀　何かできないと、気に病んだり自信なくしたりしてしまうこともあるけれど、他のことで自信を持つと急に気持ちが吹っ切れて、全てに前向きになっていくことがあるよね。

大岩　そうだねぇ～。

保志　からだを動かすのが苦手だった子ど

もが、コツコツ、コツコツ縄跳びに取り組んで、クラスの誰よりも先に跳べるようになったことがあった。その姿をみんなに知らせると、みんなも刺激を受けて挑戦しだした。
　本人もからだを動かすのは苦手だと思いかけていたのが、「私もがんばったらできるようになった、毎日がんばれた」と、そのときから他のことにも積極的に挑戦していくようになったんだよ。幼児はそうやって伸びていく可能性がいっぱいあるんだって、そのとき実感した。

大岩　そんな経験だ4歳児のときに大切だね。

保志　その一瞬のきらめきがその子を変えることがあるね。一人ずつにこのきらめきを（一年の中で）何か見つけたいね。

大岩（おおいわ） 佳子（けいこ）　教師歴24年

保護者と一緒に

できる、できないの線引き

私は、子どもたちのことを「○○ができるからいい子、できないから悪い子」というような線引きをしたくないと思っています。たとえば「ニンジンが好きな子はいい子、嫌いな子は困った子」でしょうか？　いろいろなものを食べられたほうが、楽しいしうれしいですね。ニンジンにもいろいろな味があって、調理法によって味も触感も変わります。なので、今日嫌いでも明日好きになるかもしれないのです。子どもの味覚は育ちます。そう考えたら、「いつかニンジンをおいしいって食べられるようになったらいいね！」と子どもとにっこり話せたらいいなと思います。多くのことが、そういうことだと思うのです。

子どもたちが「こうなりたい」「こうできたらいいのになぁ」という憧れや自分の生きていく未来への希望を大きく胸に抱きながら、今を生きてほしいと思っています。

明日のぼくは（私は）……きっとこんなふうになってる！　なりたい！

そうやって大人も子どもも明日の自分を目指して生きたいですね。

3 「めんどうくさい」という気持ちも出てくる。それも成長の過程

「自分のことが自分でできる！」ことがうれしかった3歳児の頃。4歳児になると好きなことで遊びたい思いが、自分の身の回りのことをするよりも上回ってきて、片づけなど「めんどくさい」という気持ちも出てきます。

どろんこ手形

幼稚園の壁に泥だらけの手で手形をたくさんつけるということがあったとき……。

保育者「わぁー、なにこれ!?」
子ども「おさむがやった～」
保育者「ちょっと、おさむ君！」
おさむ「なに～？」
保育者「ちょっと！　これ！」
おさむ「……」
保育者「どうしたのかなぁ。掃除しようなー」
おさむ「はーい、どうやってやるの!?」
保育者「バケツに水汲んできて！」
おさむ「はーい！」
掃除をしながら、
おさむ「めんどくさっ！」
保育者「やっちゃったんだから仕方ないね～
一緒にがんばろうね～」

片づけが大変だから……

好きな遊びの時間、ままごとのおもちゃを出せるだけ出して、おみせやさんごっこやバスごっこをしていることの多いやまと君とこうじ君でした。がある日、テーブルと椅子を二脚だけ出して遊んでいました。

保育者「あれ？　今日はなにしてるの？」

やまと「バスごっこだよ」
保育者「へぇ……」
こうじ「片づけるのが大変だから、おもちゃ使うのやめたの」
保育者「そうか……」

子どもなりに先のことも考え始めるようになったのだなぁと思いましたが、ちょっと寂しいような気持ちになりました。

使ってるなら片づけなくていいよね

「もうすぐ片づけだよー」と遠くで声がすると、
しんご「あ、ぼく外に行きたくなっちゃった。りんちゃん、まだままごとしてる？　じゃあ、片づけなくていいよね！」
りん「うん！」

あれ？　最近のしんご君、片づけの声が聞こえると外に行ってしまう。片づけ、ぜんぜんしてないいんじゃないかな？

何度か同じようなことが続くと、りんちゃんやさおちゃんも、気づくようになってきました。
りん「さっきまで遊んでたのに、しんご君が片づけないで外に行った！」
しんご「だって、まだ使ってたからいいかと思ったんだもん！」
りん「じゃあ、あとで一緒に片づけして！」
これには、しんご君もしぶしぶ「うん」とうなずいていました。

4 〝こんなことやっちゃった〟ということも起きる

「いいなぁ」と思ったものを自分のものにしたくて持ってきてしまったり、本当はいけないことなのだけど、おもしろくなってやっているうちにおおごとになったりと、これまでは、なかったような事件（？）も起きたりします。

そういうときも叱りつけるのではなく、「どうしたの？」と子どもに気持ちを聴いて、状況を子どもと一緒に振り返り、「ではどうしようか」と考え、子ども自身が行動（謝る、返す、元に戻す、片づける、掃除するなど）してそのことを乗り越えていくような体験にしていくことが大切です。

この時期のこの体験は、先につながっていきます。

筆、落としちゃった

帰る直前にその事件は起きました。この日の活動は描画。子どもたちが自分で洗った二六本の筆を缶に入れて乾かしていたのですが、「けんた！」と子どもたちの声。「なんか落っこちちゃった」とけんた君。

子ども「けんたが筆落としたー！」
保育者「拾って～」
子ども「違う！　テラスの下に落とした！」
保育者「え!?」（駆けつける）

大慌てで私のところに来たので駆けつけてみると、木でできたテラスの隙間にすべての筆を落として遊んでいました。

保育者「え～！　けんた君どうしたの!?」
けんた「なんか落ちちゃった」

保育者「こんなにたくさん落ちないと思うんだけど！」
けんた「わざとじゃないよ」
保育者「わざとじゃなくてこんなに落ちないと思うけど」
けんた「ころころって転がっちゃった」
保育者「これ拾わないと帰れないよ！　筆がなくなったらみんなが困っちゃう」
けんた「落とすのが楽しくなっちゃったの―」（泣く）
保育者「困ったね。拾うしかないよ」
けんた「どうやって〜」（泣きながら）
保育者「秘密道具があるよ！」
けんた「けんたもやる……」

この後、割りばしの先にガムテープをつけたもので一本一本けんた君と一緒に拾いました。

大きな栗

この日、雑木林に行き、たくさんの栗を拾ってきました。「食べたーい!」ということになり、みんなで栗をゆがいて食べることにしたのですが、かごの中から大きな栗をすっとポケットに入れたなおこちゃん。

保育者「あれ? なおこちゃんそれはかごに入れておくんだよ」

なおこ「違うよ、これ前に野津田で拾ったやつ……」(うつむきながら)

実は前に野津田公園に遠足に行ったときにも栗拾いをしたのです。

保育者「先生今、見てたよ」

なおこ「……」

保育者「欲しくなっちゃったの?」

なおこ「うん」(泣き出す)

保育者「そっか～なおこちゃんの気持ちわかるよ～。でも、これはみんなで拾っ

てきたやつだからさ。自分で戻せる？」

なおこ「うん」（栗を中に入れる）

保育者「これは、みんなで食べるけど、また探そうね」

綺麗なビー玉

この日は運動会で使うハチマキをビー玉を使って絞り染めでつくりました。大きなビー玉を見て子どもたちは「たからものみたい！」と大興奮。「持って帰りたい！」と言い出したのですが、「これは幼稚園の宝物だから持って帰るのは無しね～」と話をしていました。

かぜと母「昨日かぜとがおはじきで遊んでいて、もしかしてと思ったんだけど、家にもビー玉があるから本当のことはわからなくてどうしようと思って……。でも、色が白いやつで、うちには白いのはなかったと思うんです。幼稚園にはありますか？」

保育者「あー、幼稚園には白いのがあって昨日ちょうどビー玉を使ったんです」

かぜと母「じゃあきっと幼稚園のですね～（笑）今日家で聞いてみます」

次の日。

かぜと母「かぜとに聞いたら『幼稚園に埋めた』って言っていて。（笑）『先生に言わないで！』と言っていたので、今日の帰りにかぜとと探してきます」

保育者「『埋めた』のは、自分で『いけないことした』と思ったのでしょう。でも、お母さんに言えてよかったです！」

友だちがつくったものに「へぇ〜すごいな、いいな〜」　もっとおもしろいものをつくりたくなる
「○○つくりたい！」　大人も一緒に考えて一緒に知恵を出し合って……

ものづくり

自分でつくれた！　うれしい！
自分でつくって、遊んで、またつくって…

紙工作・木工作・粘土といろいろなものづくりをします。つくったら遊べるもの、遊びながら子どもたちの発想で工夫していけるようなものづくりにしていくことを大切にしています。

つくるごとに新しい技術にも出会い、つくる楽しさが広がっていきます。頭も手先もフル回転させながら、時を忘れてつくることに夢中になっていく子どもたち。自分でつくって、自分でつくったもので遊ぶことが楽しい、うれしいのです。「つくることが好きになって、空き箱などを不用意にごみ箱に捨てると子どもに怒られるんです。買ったおもちゃであまり遊ばなくなりました」との声もお母さん方から寄せられます。

保護者と一緒に

「自分の頭で考える力」を育てたい

ある親御さんが、当時学園長だった丸木先生に「和光の教育を通じてどんな子どもを育てようとしているのですか？」と質問をしたら、「自分の頭で考えることのできる庶民」と答えられたそうです。私も子どもたちに同じ願いを持ちながら、保育者を続けてきています。

和光鶴川幼稚園には制服はありません。それは、将来子どもたちが服装も自己表現の一つとして「自分の頭で考えて」選べるようになってほしいという願いからです。しかし、幼児期はまだ子ども自身が服を選ぶことはできないので、お母さん方と「子どもたちにとって動きやすい服装は？」と私たちのほうから問題提起をしながら、話しあっています。話しあう中では、「幼稚園がいいと思うものを幼稚園で売ってほしい」という意見も寄せられます。いろいろなものが商品化されたくさんのものが売られているので、子どもにとっていいものを探し、選んで買うことは大変です。幼稚園が決めてしまえば、楽かもしれません。それでも私たちは、こだわって制服にしないで、お母さん方と一緒に「子どもにとって……」を考えあい、話しあうことを大切にしたいと思っています。

また、幼稚園が決めてしまうと、保育者と親、親同士のお互いの見方が、「決まったことをやれているか、やれていないか」になってしまい、お互いを指摘しあうような関係になっていってしまうと思うのです。関わりあうことは、面倒なこともあるかもしれませんが、それぞれのことを受け止めあい考えあい、大人も成長し合える関係をつくっていきたいのです。

子どもに考える力をつけてほしい、人と関わる力をつけてほしいと願う私たち保育者と親がそう生きたいと思います。そんな大人の姿からも子どもたちは、「自分の頭で考え、共に生きる」ということを学んでいくと思います。

5 自分で考え、主張しあう関係の深まり

友だちとのぶつかり合いにも複雑な気持ちが出てきて、「ごめんね」「いいよ」ではすまない心の葛藤をする時期です。いろいろな気持ちを感じながら、「心」が育っていきます。

4歳児の女の子三人組の葛藤

いつも一緒のちはる、なな、しおり。ちはるが仕切り、ななは仕切られるのがイヤで、よくケンカになっていました。担任はケンカができている二人のことはある意味安心してみていたのですが、しおりはなかなか自分の思いを口に出して伝えられず、独り言のように、「しおりちゃんは〇〇したかったな～」とつぶやくだけの一学期。発信の弱いしおりちゃんのことが気になっていました。

どうなるのか？　今後も自分の思いを押し殺していくのか、それとも爆発するのか、それとも、もっと他に何かが起きるのか……。そんな心配をよく職員室でも話し、共有していました。

一〇月の親和会（学級の父母懇談会）中、担任は父母と懇談をしているので、補教（補助教員）に保志先生が入っていました。その時間の中でのことです。

一〇月二日（金）午後

ちはるが泣いていることに気づき……。

保志「どうしたの？」

ちはる「しおりちゃんとななちゃんが違う遊びに行っちゃった」

保志「そうか……一緒に遊びたかったんだね」

ちはる「ソフィアごっこしたかったの……」
外で遊んでいた二人に声をかけると戻ってきました。

保志「ちはるちゃんが話したいことがあるんだって」

ちはる「ソフィアごっこ、しおりちゃんとやりたかった……外に行かないでほしかった」

保志「ちはるちゃんはしおりちゃんとななちゃんとソフィアごっこしたかったんだって」

しおり「だってちゃんと言って行ったよ」（「外に行くよ」と伝えたということ）

保志（言ってあったのか……）

ちはる「だけど……しおりちゃんとやりたかったの」と泣く。

保志「泣かないで話そうか。泣いちゃうと何を話しているのか聞こえなくなっちゃうからね」

（※しおりが話せなくなってしまわないよう

ということでした。)

そして、ちはるに対して、

保志「涙が出るくらい一緒に遊びたかったんだね」

しおり「でも違う遊びしたいときだってあるよ」

保志「うん。ちーちゃんのことがイヤだから外に行ったんじゃなくって、ソフィアごっこじゃない遊びがしたかったんだね。しおりちゃんはしおりちゃんのしたい遊びがあるんだね。それは仕方ないね〜」

ちはる泣く。ちはるのからだをさすりながら、

保志「ちーちゃんがずっとしおりちゃんと遊びたかった気持ちわかるよ。でもさ、大好きだからって違う遊びしたいのに、ずっと私のそばにいてくれなきゃイヤだって言われたら辛くなっちゃう。ちーちゃんのこと大好

きだから、離れてたって大好きなことは変わらないよ」

しおり「そうだよ（一緒に遊ばないのは）嫌いってことじゃないよ」

このこと以来、しおりの中で少し何かが動き始めたのだと思います。

次の週、しおりが大きな声で「もうちーちゃんとは絶対遊ばない！」と言う声が響きました。そして怒っています。（お、何だろう？）どうやら、ごっこ遊びの役をちはるが決めてしまい、それに納得がいかなかったしおりが爆発したようでした。（やっと来た！と心の中で思いました。）

周りにいた子は「もう遊ばない！って言っちゃダメなんだよ」という反応が多く、ちはるも泣きだしたので、完全に形勢不利なしおりでした。とりあえず、ちはると一緒に話す前に、しおりの話を聴くことにしました。

室橋「みんながしおりちゃんに『遊ばないって言っちゃいけない』って言うけど、先生はそうは思わないなー。それだけイヤだって思ったことがしおりちゃんにあったんでしょ？」

しおり「うん……（しばらく考えてから）あのね、ちーちゃんがいつも、しおりちゃんのこと決めちゃうの。遊びたい遊びとか、やりたい役とかしおりちゃんが決めたいのに、朝しおりちゃんが来たときにはもう決まってるの。それにね、たまには違う子とも遊びたい。ちーちゃんがイヤなんじゃなくて、たまには違う子とも遊びたいんだよ。仲良しだって他の子とも遊びたいときがあるんだよ。ちーちゃんのことが嫌いなんじゃなくって……」

と堰を切ったように話し始めました。

室橋「そうだったんだね。じゃあちーちゃんにそのこと伝えてみようよ」

しおり「……うん」

こうして、ちはると話をすることになりました。教室の前まで来て、ちはるを呼んでベランダに腰かけて話を始めました。

室橋「あのねちーちゃん、しおりちゃんがさっき、もうちーちゃんとは遊ばない！ってどうして言ったかわかる？　思い当たることあるかな？」

ちはる「……わかんない」

外靴のまま下を向いて葉っぱを拾って手で触りながら私の話を聞いているちはる。そこに間髪入れずに、

しおり「そんな葉っぱ触ってないで、ちゃんとこっち向いて話を聞いてほしい!!」

室橋（おおおーっ！　すごーいっっっ！）

ちはるは、靴を脱いで葉っぱを捨て、しおりの前に正座しました。

しおり「いつもちーちゃんが朝来たときとか遊び決めちゃうでしょ？」

ちはる「いつもじゃないけど……」

と小さい声で答えるちはる。

しおり「ちーちゃんがしおりちゃんの役も決めちゃうのがしおりちゃんはイヤなの。それに仲良しだって他の子と遊びたいときだってあるよ。ちーちゃんが嫌いなわけじゃなくってたまには違う子とも遊びたいんだよ」

室橋「そういうことだったんだって。だからちーちゃんとは遊ばない！って言っちゃったんだって」

ちはる「でもいつもいつもじゃないよ。しおりちゃんがやりたい役もやらせてあげてるし……」

しおり「ちーちゃんがそう思っているだけでしょ」

室橋（本当にちーちゃん自覚がなかったんだ。イヤだって思ってること気がついてなかったんだね）「どんなに仲良しでも他の人と遊びたいときはあるかもね。ちーちゃんは気がつかなかったのかもしれないけど、しおりちゃ

んはそんなふうに感じてたっていうことだね。ちーちゃんのこと嫌いなんじゃなくって他の人とも遊びたいときがあるってことなんだって」

ちはる「うん……」

室橋「じゃあ、お話しおしまいね」

この日の午後、二人は一度も遊びませんでした。しおりは男の子と裸足で運動場を駆け回ったり、砂場で裸足のまま川を掘って遊んだり、普段ほとんど行かない職員室の窓にも顔を出し、意気揚々と声をあげ保志先生とも会話をしていました。その様子に「しおりちゃん何かあった?」と保志先生にも聞かれるほどでした。人が変わったように声をあげ、たくさんの人たちと関わりを楽しむしおりの姿がありました。

そして、登り棒の上手な、のぞみにも影響され自分で登り始めました。はじめは自分の体の重さに躊躇する場面もありましたが、手

だけでなく、足の裏でも支えることがわかると、どんどん登れるようになり、そのうれしそうに登る二人の姿が他の子にも響き、クラスの子が何人も登り棒に挑戦するようになっていったのです。

それまで怖くて近寄らなかった子もそばに来て、挑戦してみたくなり、クラスに登り棒の輪ができました。クラスの中にこうしてまた新たな文化が広がっていくのを感じました。少しハードルの高いものにチャレンジしたいという欲求も出てきているように思います。今までの自分の力より力を発揮しなければいけない新たな世界への挑戦が楽しくて仕方がないといった感じがありました。４歳児後半のことでした。

自分で決めていいんだよ

花組（３歳児）の頃はみんなを見ながら行動していたかおりちゃんでしたが、月組（４

歳児）になって急に自分の思いを思い切り出して、わがままを言ったり、活動をやりたくないと言ってやらなかったりするようになってきました。いろいろな気持ちを出せるようになったとき、強いつながりを持ったのは、とてもおとなしいまきちゃんでした。まきちゃんはいつでもかおりちゃんの言うことを聞いて動き、「かおりちゃんがお弁当食べ終わるまで待ってて」と言われるとじっと待っているほどでした。借りる本もすべてかおりちゃんが決め、描画活動での画用紙の色などもかおりちゃんと同じ色を選ぶまきちゃん。「このままでいいのかな」と思っていたときの出来事です。

二学期の運動会での活動でしっぽ鬼をしたときのこと。「赤チームでも白チームでも、自分の好きなほうを選んで帽子をかぶってね」と子どもたちに伝えました。

するとみかちゃんが「かおりちゃんが、友だちだから同じ色にしてって言うのはイヤだった」と担任に言ってきました。そのとき隣にいたまきちゃんは黙っていました。

「まきちゃんはどう思ったの？」と聞くと「やだった」と一言。（ついにかおりちゃんに「イヤだ」と言う日が来た！）この話し合いを大事にしなければと感じました。

「友だちだと同じ色にしないといけないのかな？」と問いかけると、口を膨らませてうなずき、ゆずらないかおりちゃん。しっぽ鬼を終わらせて教室で話すことにしました。

みかちゃん、まきちゃん、かおりちゃんと私（小西）で輪になっていると、そこにさとる君とたかし君も入ってきて、私が子どもたちに伝えたかったことをそのまま話し始めたのです。

たかし「好きな遊びのときは、一緒に遊んでるんだから友だちだよ！　鬼ごっこは違うチームでも友だち！」

さとる「だってお弁当食べるときとかは一緒じゃないでしょ？　それじゃあ友だち

じゃないの？」

かおり（黙ってうつむいている）

小西「そうだよね〜。一緒じゃないときもあるよね」

たかし「それに決められちゃうとイヤ！」

さとる「たしかにね、自分で決めていいんだよ！」

たかし「やりたいことが違うときもあるし、自分で決めないとイヤになる！」

小西「そうだよね〜」（感動）

みか「どうしてかおりは一緒じゃないとダメなの？」

小西「うんうん！　それを聞いたら解決できるかもね！」

たかし「さみしくなっちゃうとか？」

かおり（うなずく）

小西「あ〜そうなんだー！　そうゆうときあるよね〜」

さとる「たしかにあるかも」

たかし「教室に一人になったときとか」

小西「あるよね、先生もある！　でもさ、みかちゃんもまきちゃんもかおりちゃんのことは大事な友だちって思っているみたいだよ」

みか「うん、友だちだよ、好きな遊びのときは遊びたい。遊びたくないときもあるかもしれないけど！」

まき「うんうん」

小西「そうなんだって！　二人とも鬼ごっこでチームが違っても大事な友だちだって！　かおりの気持ちはどうかな？　わかったかな？」

かおり（涙ぐみながらうなずく）

皆「うわー！　よかったよかった！」

「決められちゃうとイヤ」「自分で決めていいんだよ」と子どもの言葉から出てきたのには本当に感動しました。また、「どうしてかおりは一緒じゃないとダメなの？」と聞くみかちゃんは、友だちの本当の気持ちを自分で聞

き出そうとしているんだと思いました。最後に「遊びたくないときもあるかもしれないけど！」というみかちゃんの一言には、「自分のことは自分で決める」という思いがしっかり入っていて、この話しあいの意味は大きかったと感じました。

この後、かおりちゃんがまきちゃんやみかちゃんに自分の気持ちを押し付けることがほとんどなくなりました。そしてかおりちゃん自身も友だちにとらわれることなく、自分のやりたい遊びをいろいろなクラスの仲間と楽しめるようになっていきました。

◇エピソード研究
子ども同士でおりあいをつける「自分で決めていいんだよ」について

保志　「たかし君の言葉がいいよね」
小西　「そうなんです」
皆　「たかし君、すごいね」
保志　「じっくり先生が話を聴いているのがいいんだと思う。小西先生は、ほぼ相槌を打っているだけのようだけれど、要所要所でえっ？　とか、それでいいの？　とか、それが子どもの言葉を引き出していると思う」
小西　「みかちゃんやたかし君の言葉が深いと思って」
皆　「そうだねぇ〜」
小西　「かおりちゃんが『同じ本を借りなくちゃダメ』と言うのはイヤなんだけど、みかちゃんは、それは小西先生には言わなくていいとお母さんに

言ったらしい。多分かおりちゃんを気遣って。『じゃあ様子を見ます』ってお母さんに言ったその日に、かおりちゃんに『同じ本を借りるのはイヤなんだ』って自分で言ったようなんです。『一冊は自分の好きなのを借りて、一冊はかおりちゃんと同じのを借りる』って」

「すごいね～。かおりちゃんに自分で言えたんだね」

皆

6 自然の不思議と出会い、科学的な思考が芽ばえだす

生きものへの興味関心が深まっていく時期です。

「命が卵になって出てくるんだよ」〜捕まえてきたカマキリを巡って〜

二学期、月2組には大きなカマキリが三匹いました。それまでも、風緑の丘や運動場でカマキリに出会っていたものの、カマに挟まれるのを恐れ、捕まえられる子どもがいませんでした。しかし、九月から編入してきたゆうま君は果敢にもカマキリを捕まえられる子だったのです。ゆうま君は外に遊びに行くたびに、カマキリを捕まえてくれるので、クラスの子どもたちからも「虫を捕まえるならゆうま君！」と認められるようになっていきました。そんなカマキリが月2組には三匹いました。

そのカマキリは、一緒に捕まえてきたトノサマバッタや同じカマキリをガリガリと音を立てて食べていて、その様子に固唾を飲んで見つめていた子どもたちでした。

ときには、カマキリ同士が食べてしまわないように、一匹ごと一つのケースに入れて、よく観察していたときもありました。

そして、いつの日か一匹のカマキリが卵を産みました。それから他のカマキリも立て続けに卵を産み、教室には三つの卵がありました。卵を産んだカマキリは、日に日に弱っていき、最終的には死んでしまったのですが、そんなカマキリを巡って、朝、幼稚園に来た子どもたちで、こんな会話がありました。

ゆかり「あーカマキリ死んでる」

松田「ホント？　あ、でも少し動いているね」

ゆかり「弱ってるんだね」

松田「卵を産んだからね、もうすぐ死んじゃうのかもね、卵産むとどうして死んじゃうんだろうか？」

ゆかり「わかんないよ、りょう君がくわしいから、りょう君に聞いてみてよう」

近くにいたりょう君に話しかける。

松田「りょう君、卵産むとカマキリってどうして死んじゃうんだろう？」

りょう「弱っちゃうんだよね、それで死んじゃう」

あい「卵を産むのは大変なんだよ、一生懸命なんだよ」

けんや「ぼくもそう思ってた」

松田「そうだよね、こんな大きいの（卵）をお尻から出していたもんね、大変だよ」

りょう「卵はさ、命が出てくるってことなん

だよ」
けんや「ぼくわかった、命が卵になって出てくるんだよ」
松田「カマキリの命が卵になるってことか、なるほどね！　そうかもね、だから死んじゃうのかもね」
りょう「そう思う」
松田「クラスのみんなにも話してみよう」
ということで、帰りの会でも話題にしました。
松田「今日さ、カマキリが卵産んで死んじゃったんだよね、卵産むと死んじゃうみたいなんだよ。卵産んでから、バッタも食べなくなっちゃったしさ」
がく「動物はみんなそうなんだよ」
こうじ「そうだよ、たつや君が言ってた！」
はじめ「虫だって！　人間だって！」
松田「え、人間はだいじょうぶじゃないか？　みんなのお母さんは、みんなを産んでも死なないじゃん」
とは言ったものの、人間だって、命懸けですよね。それこそ、一昔前までは出産して母親が死んでしまうということも珍しい話ではなかったのですから。
まりな「死なないよ！　人間は！　年寄りになっちゃうだけ」
松田「そうね（苦笑い）、年寄りね。どうしてかね……。ゆうま君わかる？」
ゆうま「う〜〜ん、わかんない」
しんすけ「しんすけもわかんないなぁ」
つとむ「大変なんだよ、卵産むのは、はーはーって、だからもう疲れて、死んじゃうよ。もうダメだってってね」
松田「そのくらい卵を産むのは大変なのかもしれないね。死んじゃうのは悲しいね」
りょう「悲しくないよ、だってさ、卵からまた赤ちゃんがいっぱい産まれるじゃ

ん、そうしたらカマキリいっぱいになるじゃん！　それでまた卵産んで……うふふふ！」

たくさんのカマキリの赤ちゃんが産まれる姿を想像して、笑顔が絶えないりょう君でした。

みゆき「あっそうだ！　これで調べてみるのはどうかな？」

と、本コーナーから虫の図鑑を持ってきてくれるのでした。

そこにはカマキリの卵と思っていたものが、実は卵鞘（らんしょう）というもので、卵鞘の中に無数の卵が入っているということが書いてありました。

そんな話題をきっかけに、後日りんかちゃんが図書館で『かまきり　おおかまきりの一生』（得田之久・福音館書店）という本を借りてきてくれ、その本をみんなで読んだときもありました。

どちらの本を読んでみても、「どうして卵を産むと死んでしまうのか」ということの答えは書いていませんでした。でも、子どもたちは身近な生き物に出会う中で、ときにカマに挟まれて身を持ってその鋭さを体験するときもあれば、産卵から生と死に触れ、想いを巡らせて考えることもあるのでした。バッタや仲間を食べてしまうことを残酷ととらえるでもなく、死んでしまったことを悲しむでもなく、ただただ、自然の摂理の不思議さに目を見張り、想いを巡らせる。そんな日々が今のこの子たちには、とても大切なことなのだと考えさせられた出来事でした。

自然の中で

「妖精の力にたよらないで、生まれつきそなわっている子どもの『センス・オブ・ワンダー』をいつも新鮮にたもちつづけるためには、わたしたちが住んでいる世界のよろこび、感激、神秘などを子どもといっしょに再発見し、感動を分かち合ってくれる大人が、すくなくともひとり、そばにいる必要があります。」 ―レイチェル・カーソン『センス・オブ・ワンダー』より―

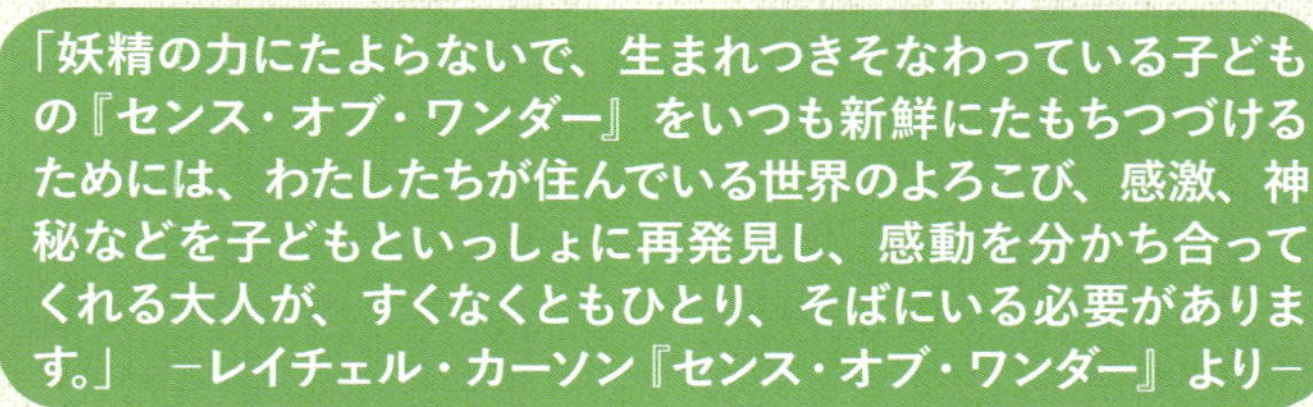

○○ね、クリスマスのとき、サンタクロースのトナカイさんにお水をのんでもらおうとおもっているんだぁー。のどがかわくでしょ？

11月を過ぎたあたりから家で娘とクリスマスツリーやリースの準備をすすめているせいか、娘の心はクリスマスのことでいっぱい。幼稚園へ送る車の中でふと思いついたようで、話してくれました。

ママこのおじさん、トランプ大会で勝ったの？

アメリカ大統領選の時、ドナルド・トランプ氏が勝利し毎日ニュースで見ていたので『ただごとではない』と思い、出たとっさの一言です。

え？　牛乳って牛のおっぱいなの？
○○ちゃん牛になるの？

牛乳が大好きな娘が初めて牛乳の原料を知った時のショックと驚き。牛の子になる恐怖心……。

保護者と共に

わが子のつぶやき

『わが子のつぶやき』という本を父母の皆さんとつくっています。家庭での子どものつぶやきを書き留めてもらい、集めて本にしています。子どもの今を受け止めるということは、子どもの今の声を聴くこと。聴いているようで聴いていなかったり、すぐ忘れてしまったりします。書き留めて残していくと、子どもの今が見えてきて、子どもの気持ちに共感したり、感動したり……子どもとの対話が楽しくなってきます。（＊つぶやきと写真は関係ありません。）

でも…よく考えると
自分より家族のことの方が大好きかもしれない…

自分のことが大好きな息子。お友だちの誰ちゃんが大好き～などという話のあとには必ず、「で・も一番大好きなのは、じ・ぶ・ん♡」とニンマリ……。ある日、「お母さんのこと大好きだよ～♪○○ちゃん（妹）のこと大好きだよ～♪でも一番好きなのは自分！」と例により言うので「そうね～、いや、自分のこと大好きなのは、ホントすてきなことよー」と私が笑ってると、私の顔を見ながら急にだまりこみ、しばし沈黙してからポツンとつぶやいた言葉。思わず私もだまりこみ、息子の言葉を心でかみしめたら……不覚にも涙がこぼれました。

夢の中には行けないのかな？
もう一回同じ夢って見れる？
誰が見せてくれているんだろう…

とても楽しい夢を見た朝に、名残惜しそうにつぶやいていました。魔法使いになって空を飛んでいた夢だったそうです。

なんかね、○○ちゃんがいないと、さみしくなって きもちわるくなって、げんきがなくなっちゃうんだ～

突然夜寝る前につぶやいた一言です。急遽幼稚園が休みになり、弟は習い事にでかけてしまい、一人になると朝からソファーで寝てしまった日でした。弟がいなくてさみしくなって気持ちも悪くなって元気もなくなり寝てしまった、と話してくれました。ここのところケンカも増えてきてどうしたものかな、と思っていましたが、本音を聞けた気がしてうれしくなりました。

自分が嫌になるんだよなー。友達とケンカしたとき

夏頃、寝床で喋っていたときに、苦笑いしながら、言っていました。まだ4歳なのに、ケンカしたら「だってあの子が悪い」とか「あの子は嫌い！」とかではなく、自分の悪い所を認めて、それを正直に口に出すことができるとは、驚きました。大人でも勇気がいることだから。

子：夜はいろんなにおいがするねぇ
母：どんなにおい？
子：雨のにおい、木のにおい、シチューのにおい、お風呂のにおい！

雨あがりの夕方、公園へ行き、暗くなりかけの頃家に帰る途中での一言。暗くなると嗅覚がさえるのか、いろいろなお家のにおいや、自然のにおいに気がついたようで、きちんと説明してくれました。

まったくおじいちゃんは「つかれんぼう」だなぁ。よんでもすぐにへやにもどっちゃう

ひんぱんに遊び相手にかり出されていたので、頃合いを見てスッと部屋に退散したおじいちゃんにむかって嘆いた一言。

ねぇママ。七夕でお願いしたのに、いつになったら飛べるようになるの？

以前から「空を飛び回りたい」という夢を持っていた娘は、七夕の時に短冊にその願いを書きました。七夕も終わった数日後にこう聞かれて、素直に信じているその眼差しに、返答に困ってしまいました。

バカと言う人が、お・ば・か・さ・ん♡

夏休みに入り、毎日娘を怒っていました。あまりのストレスで「バカ！」と、彼女へ言い放った後、用事で車を運転しながら、後部座席の娘へ母の愚かさを詫びたところ、彼女が言った言葉です。本当にそのとおりだと思います。

子：「コアラとモルモットはやさしいから好きなの」
母：「どうしてやさしいの？」
子：「草しか食べないでしょ。ライオンみたいに他の動物をつかまえて食べないから」

動物園に行った日の夜。
強いもの、速いものに憧れないところが、息子らしいなぁと思いました。

いいよ気にしなくて。そんなことより、さっさとみんなニコニコになればさ、怒っているパパはいないんだよ

「いつも怒ってばかりでごめんね。心の余裕がなくて」と言った時のこと。うちは両親共働きで、なかなか子どもに対し、余裕をもって接することができない時、息子に「どうしたらうまくいくのだろう」と意見を聞いてみた時に答えてくれたことです。息子を一人の師として尊敬した言葉で、衝撃を受けた言葉でした。

よーし！ 大人になるぞー

娘が紙パックのコーヒー牛乳を買った日のこと。車に乗って、後部座席から聞こえてきた一言です。気合いを入れて飲み始めました。コーヒー＝大人の方程式はいつの時代も変わらないんだな、と思ったり、気合いを入れて飲むことろが可愛いなぁと思ったりしました。

ナマコになりたい

テレビで、ナマコのからだは全身筋肉と言っていたのを聞いての一言。筋肉ムキムキに憧れる我が子の思いが伝わってきました。

今、4歳児保育で大切にしたいこと　―和光鶴川幼稚園の教育―

山梨大学教授　加藤　繁美

かとうしげみ
加藤 繁美

山梨大学教授
（幼児教育学・保育構造論・保育制度論）
山梨大学教育学部附属幼稚園長

2000年度の公開研究会以来、ほぼ毎年和光鶴川幼稚園の研究会での助言を行っている。和光鶴川幼稚園親和会（父母会）主催の教育講座で父母向けの講演会も行なっている。

1　4歳児に訪れる「心」の質的転換

子どもたちの育つ姿を見ていると、そこには縦にグッと伸びていく時期と、横に太っていく時期とが、一定の順序性を持ちながら存在していることがわかります。

もちろん、ここで「縦」に伸び、「横」に太っていくのは、子どもたちの身長や体重のことではありません。子どもの「心」の育ちに質的転換が起きる時期と、経験を拡大させながら「心」を太らせる時期との、二つの時期があるということなのです。そしておそらくこの本が対象とする4歳という時期は、2歳のころを中心に「心の形」を発展させていく幼児前期（1歳半～3歳）と同様に、「心の形」を大きく変えながら自分を創りだしていく「心」の質的転換期にあたるのだろうと思います。

たとえば4歳児と対をなす2歳の子どもたちは、「ボクノ、ボクノ」と自己主張の塊のように生きてきた自分の「心」に、「カシテ」「ジュンバン」といった社会的知性を新たに書き加えながら自分を形成していきます。アンリ・ワロンという心理学者は、こうした2歳のころに訪れる発達の姿を、「自我（自己主張）」しかなかった自分の心に、「第二の自我」を付与する姿として整理しましたが、おそらく2歳という時期は、そういう形で子どもたちが、「心」の質的転換期をむかえる時期なのだろうと思います。

ところが同じように縦にグッと伸びる時期だといっても、4歳児の場合は少し事情が異な

水彩絵具：イカ

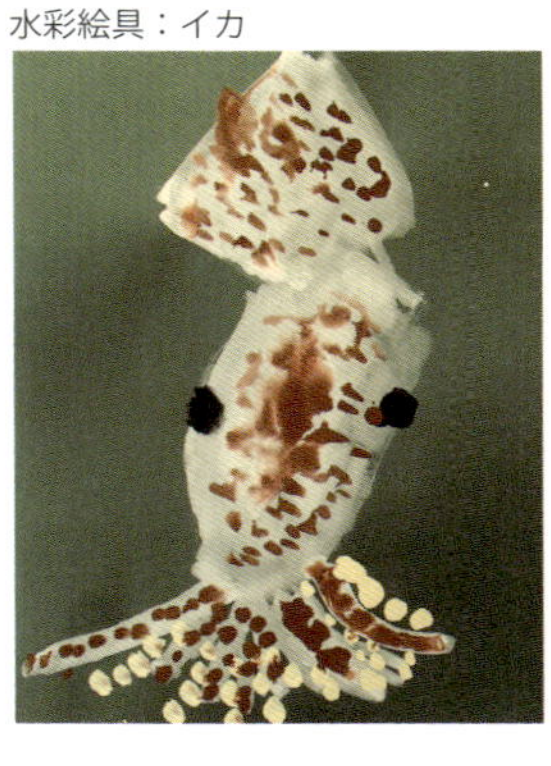

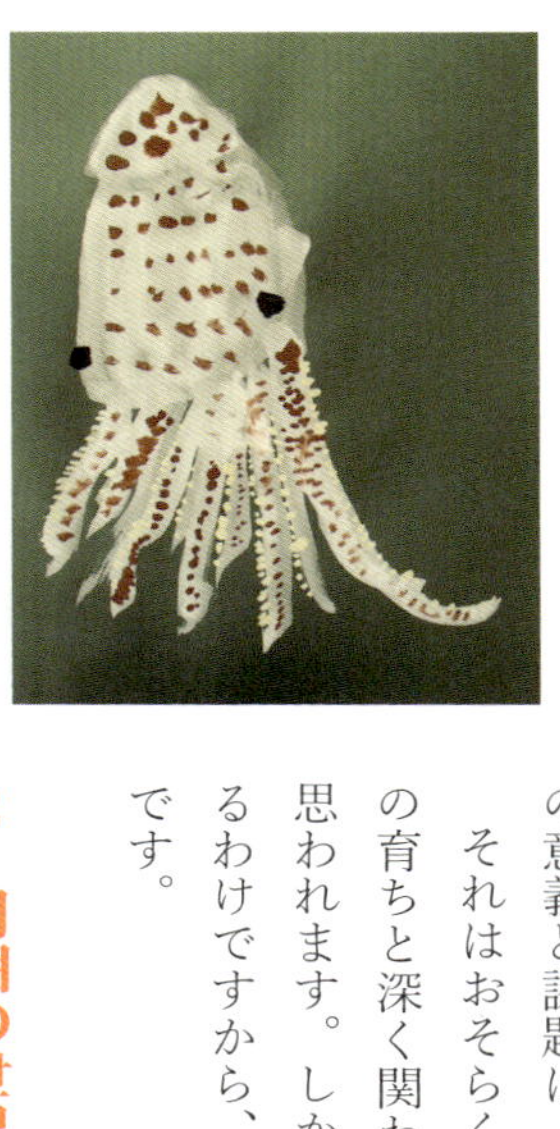

月組の子どもたちの描画

ります。2歳のころに獲得した「自我」と「第二の自我」の間を揺れながら生きてきた自分を統合し、自己決定する主体へと発達させていくのが4歳児なのです。私自身はこれを「自己内対話能力」の獲得という言葉で表現してきましたが、たしかにそこには、考えながら自己決定する主体へと自分自身を成長させていく、4歳児の「心」の育ちが存在しているのです。

もっとも、こんなに大きな変化が訪れる4歳児期であるにもかかわらず、なぜかこれまで保育の世界では、3歳児や5歳児に比べて4歳児保育の注目度は低く、この時期の保育実践の意義と課題は、明確に語られてこなかったように思えます。

それはおそらく、この時期に訪れる変化が、一般に「内言」と呼ばれる「思考する言語」の育ちと深く関わりながら、「静かな革命」として訪れることと無関係ではないのだろうと思われます。しかもそうした「静かな革命」が、クラスの中で時間差をもちながら訪れてくるわけですから、保育者にはその瞬間をドラマティックに捉えることが困難になってくるのです。

2　周囲の世界を分類し、関係を意味づける論理的思考力が育つ4歳児

重要な点は、こうして4歳児の中に生じる変化が、三種類の知性の発達に支えられて発生する事実の中にあります。

4歳児期に大きく育つ知性の一つは、モノとモノ、事象と事象の間に存在する関係を論理的に整理する論理的思考力です。実際、4歳児は因果関係を類推したり、具体的な出来事を抽象的な言葉に言い換えたり、周囲に広がる自然や社会に法則性を発見したりと、けっこう

墨絵・割りばしペン：昆虫

墨絵・割りばしペン：昆虫

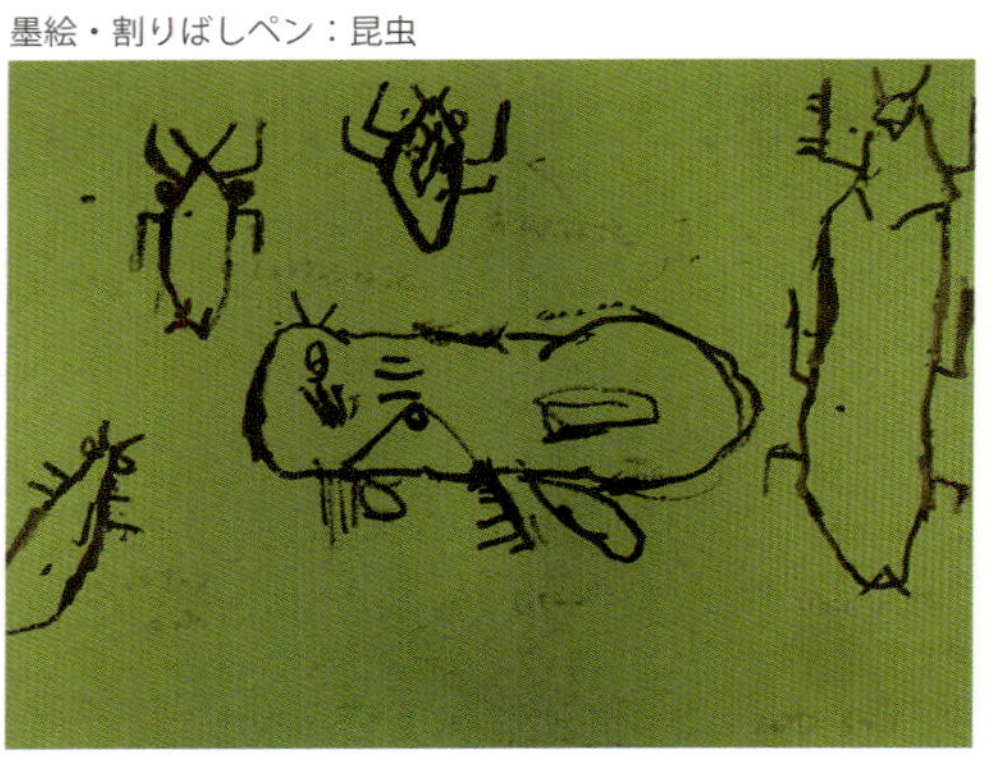

忙しく頭を働かせながら過ごしているのです。

たとえば、和光鶴川幼稚園では保護者とともに子どもの「つぶやき」を書きとめ、それを『わが子のつぶやき』という冊子にまとめていると紹介されていましたが、その中に、次のような母子の会話が記されていました（六四頁〜）。

子「コアラとモルモットはやさしいから好きなの」
母「どうしてやさしいの？」
子「草しか食べないでしょ。ライオンみたいに他の動物をつかまえて食べないから」

ここには、「やさしい動物」と「そうでない動物」とを分類する子どもの論理が表現されています。自分の経験を基に、周囲の世界に線を引いていく、4歳児の論理の世界がここにはあります。

「え？　牛乳って牛のおっぱいなの？　○○ちゃん牛になるの？」

あるいはこんな小さな疑問の中にも、因果関係に思いをはせながら未来を想像する4歳児の知性の世界が表現されています。そしてそうやって、自分で能動的に原因から結果を想像する力を獲得した4歳児は、いろんなことが心配になっていくのです。

「夢の中には行けないのかな？　もう一回同じ夢って見れる？　誰が見せてくれているん

ペン：たこあげ

鉛筆：ダンゴムシ

だろう……」

現実世界でもない、想像（虚構）世界でもない、夢の世界の存在に気づいた4歳児が、不思議な夢の世界を科学する、そんな知性の働きが、このつぶやきには潜んでいます。そしてそうやって「思考する主体」として発達していく4歳児は、「つまり」「だから」と関係を表現する接続詞を多用しながら、世界と向き合うようになっていくのです。

3 自分と他者との「違いがわかる」4歳児

4歳児期に大きく育つ二つ目の知性は、自分と他者の関係を認知する知性です。つまり、4歳児は仲間の中の自分の位置が見えるようになり、他者と比較して自分を評価する力が育ってくるのです。そしてそれ故、なにをやってもうまくできない子どもは、すぐに「ヤラナイ」と言って苦手なことから逃げようとするし、逆になんでも他の子よりできる子どもは、平気で友だちをバカにし、誇らしげに自分を自慢する尊大な姿を、仲間の前で見せるようになっていくのです。

もちろん、だからこそ4歳児のそばにいる親や保育者の役割には大きいものがあり、そんな4歳児に人間として向き合い、保育者として関わることで、子どもの中に人間として、人間らしく生きていく大切な価値を育てることが可能になっていくのですが、これが実際には難しいのです。

たとえばこの本の中に、「絵を描けない」と言って描画を拒むゆずる君の事例や、「ぼくは

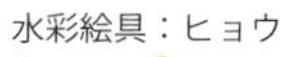
水彩絵具：ヒョウ

水彩絵具：ライオン

足が速くないから」と曇った表情で運動会を迎えたくにお君の事例が登場してきます。4歳児の保育をしていると、こんな場面に頻繁に遭遇することになるのですが、一見すると否定的に見えるこうした行動の中に、4歳児の知的育ちと教育課題を感じ取ることができれば、4歳児の保育実践は楽しくなっていくのです。

実際、他者と比較しながら自分が見えるようになった4歳児は、うまく描き上げる他の友だちと比較しながら自分の絵を評価し、本当に描きたいイメージと比較しながら実際に描いた描画を評価する力が育ってくるのです。そしてそれ故、4歳児の心は、成長したが故の苦しみを伴うことになっていくのですが、そんな4歳児の心に寄り添うことの困難に遭遇した保育者が、「絵の楽しさは、形を描くことだけじゃないんだよ」と語る美術教師の言葉をきっかけに、「色で遊ぶ描画の時間」へと活動を発展させていった実践が紹介されています(八頁)。筆に絵の具をつけて線を描けば、そこには「虹」が表現され、丸を描けば水玉模様になり、そんな形で遊んでいるうちに子どもの表情は生きいきとし、半年後には「描けた」と自信をもって描けるようになってきたというのです。

この文章を読んだとき、私はピーター・レイノルズの『てん』(谷川俊太郎訳：あすなろ書房)という絵本のことを思い出していました。絵を描くことを拒否するワシテに、「なにか しるしを つけてみて。そして どうなるか みてみるの」と語る先生に、「これで、どう！」とマーカーを押し付けるところから始まる絵本なのですが、ワシテのサインの入った点の絵が、翌週には金色の額縁に入れて飾ってあり、その絵を眺めていたワシテが、「ふーん！ もっと いい てんだって わたし かけるわ！」と語りながら、様々な点の絵を描き始めていく……。絵本は、そんな形で展開していきます。

クレヨン：くだもの

水彩絵具・クレヨン：スイミー

つまり、できないことを自覚し、そんな自分から逃げようとする4歳児の心を受け止めて、「無理しなくていいんだよ」と優しく関わるだけでは、何の解決にもつながっていないのです。もちろんそれは、「ガンバレ」と励ますだけの精神主義の教育でも無力なわけで、「違いがわかる4歳児」の保育実践においては、子どもの「できない」という感覚を、少しずらしながら「面白さ」の世界へと誘っていく、そんな保育者の「ひらめき」が決定的に重要な意味を持つということなのだと思います。

4 仲間の中に広がる心と、自分の心をつなげる力

ところで、そうやって自他を比較する力を拡大させた4歳児は、他者の心を見つめる力と共に、自分の心を見つめる力を育てるようになってきます。最近の心理学の世界では、こうした自分や他者の心の働きを認知する力を「心の理論」と呼んだりしますが、実際に4歳という時期は、自分の中に「心の理論」を大きく育てていく時期でもあるのです。

「自分が嫌になるんだよなー。友達とケンカしたとき」

先に紹介した『わが子のつぶやき』に載っている4歳児の言葉ですが、ここには自分の心を外から見つめ、分析する、4歳児の「心の理論」の育ちが表現されています。

「でも…よく考えると、自分より家族のことの方が大好きかもしれない…」

水彩絵具：あかかぶ

このつぶやきは、「自分のことが大好きな4歳児」に対して、からかい感覚で親が語った言葉に、子ども自身が返した言葉だと言いますが、ここにも自分の心の中を分析する4歳児の知的世界を見て取ることができます。

いや、それだけではありません。4歳児になると、相手の心の中を類推し、その心に語りかける知的世界も育っていくのです。すぐに怒ってしまう自分を反省し、「いつも怒ってばかりでごめんね」と謝った父親に、4歳児の息子が語った言葉だとして、次のような言葉が紹介されています。

「いいよ気にしなくて。そんなことより、さっさと皆ニコニコになればさ、怒ってるパパはいないんだよ」

重要な点は、こうして自分の中に「心の理論」を発達させた4歳児たちが、仲間との間で生じたトラブルに対しても、お互いの心の中を類推しながら解決策を見出していくようになっていく事実の中にあります。

たとえば、この本の中に、「親友」のちはるちゃんとしおりちゃんの間で起こったトラブルを、室橋先生が間に入って話し合う場面が出てきました（五〇頁）。

室橋　「あのねちーちゃん、しおりちゃんがさっき、もうちーちゃんとは遊ばない！　ってどうして言ったかわかる？　思い当たることあるかな？」

水彩絵具：だいこん

ちはる「……わかんない」

外靴のまま下を向いて葉っぱを拾って手で触りながら私の話を聞いているちはる。そこに間髪入れずに、

しおり「そんな葉っぱ触ってないで、ちゃんとこっち向いて話を聞いてほしい！」

室橋（おおおーっ！　すごーいっっっ！）

ちはるは、靴を脱いで葉っぱを捨て、しおりの前に正座しました。

しおり「いつもちーちゃんが朝来たときとか遊び決めちゃうでしょ？」

ちはる「いつもじゃないけど……」

と小さい声で答えるちはる。

しおり「ちーちゃんがしおりちゃんの役も決めちゃうのがしおりちゃんはイヤなの。それに仲良しだって他の子と遊びたいときだってあるよ。ちーちゃんが嫌いなわけじゃなくってたまには違う子とも遊びたいんだよ」

この話し合いをした後、「親友」だった二人はその日交わって遊ぶことがなかったと記されています。つまり、「仲良しだって他の子と遊びたいときだってある」と宣言したしおりちゃんは、男の子と裸足で運動場を駆け回り、砂場で川を掘って遊び、人が変わったように声をあげ、普段はあまり近寄らない登り棒にチャレンジしたというのです。

「親友」であるちはるちゃんに対して、これほどまではっきりと自分の思いを語るしおりちゃんの姿に、4歳児の育ちの姿を感じ取ることができますが、もちろん4歳児なら誰でも、自分の想いをこんなにきっぱりした形で語ることができるわけではありません。しかしなが

水彩・クレヨン：えんそく

クレヨン：くわのき

らそれでも、4歳児ってこうして、ある瞬間を境に新しい自分へと脱皮していく、そんな発達する姿を創りだすことが、時としてあるように思えます。

5　哲学者のように思考する4歳児の発達は、創造的想像力の育ちとともに

もちろん、4歳児に形成される知性は、何もこうした形でモノや人にだけ向けられるのではありません。モノとモノ、事象と事象の間に論理を見出す4歳児は、周囲に広がる世界の本質に思いをはせ、その本質を哲学者のように思索する、そんな表情も見せてくれるのですが、そんな4歳児の発達を支える第三の知性が、この時期に大きく広がる想像力です。

たとえば卵を産んで死んでしまったカマキリをめぐって議論になった時、「動物はみんなそうなんだよ」と語ったひろちゃんの言葉をきっかけに、「人間だって」そうなのだろうかと子どもたちが話し合う場面が、本の中には紹介されています（六〇頁）。

まりな　「死なないよ！　人間は！　年寄りになっちゃうだけ」
松田　「そうね（苦笑い）、年寄りね。どうしてかね……。ゆうま君わかる？」
ゆうま　「う～～ん、わかんない」
しんすけ　「しんすけもわかんないなぁ」
つとむ　「大変なんだよ、卵産むのは、はーはーって、だからもう疲れて、死んじゃうよ。
　もうダメだってってね」
松田　「そのくらい卵を産むのは大変なのかもしれないね。死んじゃうのは悲しいね」

水彩・クレヨン：獅子舞

水彩・クレヨン：獅子舞

りょう「悲しくないよ、だってさ、卵からまた赤ちゃんがいっぱい産まれるじゃん、そうしたらカマキリいっぱいになるじゃん！　それでまた卵産んで……うふふふ！」

赤ちゃんを産むと「年寄りになる」と考えたまりなちゃんの場合も、「だから」「だってさ」と接続詞を使いながら根拠を添えて考えるあいちゃんやりょう君の場合も、これまで自分が経験した事実をつなげながら、そこで知り得た知性を総動員しながら考えている点が重要です。

つまり4歳という時期は、自分の中にバラバラに形成した知性を総動員しながら課題に向き合い、そこに存在する論理を創造的に見出す過程で自分を一つに統合していく時期なのです。そしてその際、そうした4歳児の知的営みが、3歳の頃に獲得した虚構と想像の世界を大きく広げ、周囲に広がる世界に論理を見出していく、創造的想像力の発達に支えられている点が重要なのです。

実はこの本の中ではあまり強調されていませんが、絵本や物語に感情移入し、ごっこ遊びに夢中になっていた3歳児の生活に、さらにファンタジーの世界を加えながら、非現実の世界を信じる力を飛躍的に発展させていくのが、発達する4歳児のリアルな姿でもあるのです。

そして4歳児の段階で、それぞれの子どもが、それぞれ違った時期に、それぞれの形で「静かな革命」（自己内対話能力の獲得）」を経験した4歳児たちは、仲間とともに価値を創りだす5歳児の生活へとバトンをつないでいくのです。

この本をつくった人々

執筆
加川　博道（かがわ　ひろみち）
室橋　由美子（むろはし　ゆみこ）
小西　麻理（こにし　まり）
外山　裕子（とやま　ゆうこ）
保志　史子（ほし　ふみこ）
松田　信貴（まつだ　のぶたか）
堀　新菜（ほり　にいな）

加藤　繁美　（かとう　しげみ／山梨大学教授）

実践記録
大岩　佳子（おおいわ　けいこ）
水野　杏美（みずの　あみ）
多田　優里奈（ただ　ゆりな）

レイアウト・デザイン・編集
田井　宗子（たい　まみこ／和光鶴川幼稚園卒業生の保護者）

わが子のつぶやき
和光鶴川幼稚園 2016 年度月組保護者のみなさん

子どもの作品
和光鶴川幼稚園 2015 年度月組の子どもたち
和光鶴川幼稚園 2016 年度月組の子どもたち

写真掲載協力
和光鶴川幼稚園 2015 年度月組保護者のみなさん
和光鶴川幼稚園 2016 年度月組保護者のみなさん

和光鶴川幼稚園のことは、お気軽に問い合わせください。
〒 195-0051　東京都町田市真光寺 1271-1　TEL 042-735-2291
ホームページ　http://www.wako.ed.jp/k2/

4 歳児　葛藤をチカラに
和光鶴川幼稚園　子ども理解と大人の関わり

2017 年 8 月 10 日　初版発行

編著者　和光鶴川幼稚園
発行者　名古屋　研一

発行所　㈱ひとなる書房
東京都文京区本郷２－１７－１３
TEL 03(3811)1372
FAX 03(3811)1383
E-mail : hitonaru@alles.or.jp